Je partage

David Parker
Illustrations de Jill Dubin
Texte français de Marie Frankland

Éditions
SCHOLASTIC

À Maggie, à Al et à tous les parents qui invitent
leurs enfants à partager.
– D.P.

À tous ceux de l'école Galloway, car ils savent partager.
– J.D.

Catalogage avant publication de Bibliothèque et Archives Canada

Parker, David, 1951-
Je partage / David Parker ; illustrations de Jill Dubin ;
texte français de Marie Frankland.

(Je suis fier de moi)
Traduction de: I can share!
Pour les 5-8 ans.
ISBN 978-0-545-98242-9

1. Générosité--Ouvrages pour la jeunesse. I. Dubin, Jill
II. Frankland, Marie, 1979- III. Titre. IV. Collection: Parker, David.
Je suis fier de moi.

BJ1533.G4P37314 2009   j177'.7   C2009-901945-0

Édition publiée par les Éditions Scholastic, 604, rue King Ouest, Toronto (Ontario) M5V 1E1

5 4 3 2 1   Imprimé au Canada   09 10 11 12 13

© Sources Mixtes
Groupe de produits issu de forêts
bien gérées, de sources contrôlées
et de bois ou fibres recyclés.
FSC   www.fsc.org   Cert no. SW-COC-002520
© 1996 Forest Stewardship Council

Je n'aime pas partager.
Pourtant, les adultes me disent de le faire. Pourquoi?

Je n'aime pas partager,
mais je vais essayer de le faire aujourd'hui.

Je prête mon nouveau jouet à mon ami.

Je raconte mon histoire préférée à la classe.

Je partage mes crayons de couleur
avec la personne assise à côté de moi.

Mes amis sont contents quand je partage avec eux.
Ça me rend heureux, moi aussi.

J'offre mon sourire et mes encouragements
à une personne triste.

Je passe un bel après-midi ensoleillé avec un ami.

Je lis un bon livre avec ma grand-maman.

Mes amis sont contents quand je partage avec eux.
Ça me rend heureux, moi aussi.

Quand on partage, on se sent bien.

Maintenant, j'aime partager.
Maintenant, je veux partager.

Je veux vraiment partager aujourd'hui!

Que vas-tu partager aujourd'hui?